Pastizales
Campos verdes y dorados

por Laura Purdie Salas ~ ilustrado por Jeff Yesh ~ Traducción: Patricia Abello

Agradecemos a nuestros asesores por su pericia, investigación y asesoramiento:

Michael T. Lares, Ph.D., Profesor asociado de Biología
University of Mary, Bismarck, North Dakota

Susan Kesselring, M.A., Alfabetizadora
Rosemount-Apple Valley-Eagan (Minnesota) School District

PICTURE WINDOW BOOKS
Minneapolis, Minnesota

Redacción: Jill Kalz

Diseño: Joe Anderson y Hilary Wacholz

Composición: Angela Kilmer

Dirección artística: Nathan Gassman

Subdirección ejecutiva: Christianne Jones

Las ilustraciones de este libro se crearon con medios digitales.

Traducción y composición: Spanish Educational Publishing, Ltd.

Coordinación de la edición en español: Jennifer Gillis/Haw River Editorial

Picture Window Books
5115 Excelsior Boulevard
Suite 232
Minneapolis, MN 55416
877-845-8392
www.picturewindowbooks.com

Impreso en los Estados Unidos de América.

Todos los libros de Picture Windows
se elaboran con papel que contiene por
lo menos 10% de residuo post-consumidor.

Library of Congress Cataloging-in-Publication Data

Salas, Laura Purdie.

[Grasslands. Spanish]

Pastizales : campos verdes y dorados / por Laura Purdie Salas ; ilustrado
por Jeff Yesh ; traducción, Patricia Abello.

p. cm. — (Ciencia asombrosa)

Includes index.

ISBN 978-1-4048-3863-5 (library binding)

1. Grasslands–Juvenile literature. I. Yesh, Jeff, 1971- ill. II. Title.

QH87.7.S2518 2008

578.74–dc22   2007043105

Contenido

Tierras amplias y despejadas

Un terreno plano y despejado se extiende a la vista. Hay uno que otro árbol, pero casi todo lo que se ve son pastos dorados y verdes. Cebras y jirafas pastan a lo lejos. Unos leones duermen bajo el Sol. Aves de todos los colores y tamaños vuelan en el cielo.

Éste es un ecosistema de pastizales. Un ecosistema es el conjunto de los seres vivos y las cosas sin vida que hay en un lugar. Las plantas, los animales, el agua, el suelo y hasta el estado del tiempo hacen parte del ecosistema.

DATO CURIOSO

La altura de los pastos depende de la lluvia. Los pastizales secos tienen pastos muy cortos. Los pastizales húmedos tienen pastos hasta de 12 pies (3.6 metros) de alto. Es decir, ¡más altos que una cesta de baloncesto!

América
del Norte

Pastizales del mundo

América
del Sur

Los pastizales cubren casi una cuarta parte de la
tierra de nuestro planeta. Hay varias clases de
pastizales. Las dos principales son las sabanas y las
praderas. Las sabanas se hallan cerca del ecuador. Sólo
hay praderas en América del Norte. Los ecosistemas
de pastizales no son ni muy húmedos ni muy secos.
Reciben de 10 a 30 pulgadas (25 a 76 centímetros)
de lluvia al año.

PASTIZALES

6

Asia

Europa

África

ECUADOR

Australia

DATO CURIOSO

Durante la estación seca hay incendios que avanzan muy rápido y queman los pastizales. La tierra está tan seca, que a veces un rayo prende un incendio. Pero esto es importante para los pastizales. Cuando llueve, las cenizas del incendio penetran al suelo y sirven de alimento a las raíces de las plantas.

7

Sabanas

Por estar cerca del ecuador, en las sabanas siempre hace calor. El invierno es una estación muy seca en la que llueve poco. Los pastos se resecan y se vuelven amarillos o café. Después llegan las lluvias de verano. La lluvia empapa el suelo y la sabana reverdece.

DATO CURIOSO

Casi todos los animales de la sabana migran, o viajan, en busca de agua. Cuando llueve poco, los pozos de agua se secan. Millones de animales recorren África siguiendo las lluvias. Migran casi todo el año.

Las sabanas de África son las más grandes y conocidas del mundo. Además, tienen la mayor variedad de animales de pastizales.

Praderas

Las praderas de América del Norte no tienen estaciones lluviosas y secas como las sabanas africanas. En cambio, tienen estaciones calientes y frías. Reciben lluvia o nieve todo el año.

Las praderas de América del Norte tienen suelos fértiles, oscuros y profundos. Por eso los pastos crecen tan bien. Todos los seres vivos de las praderas dependen de esos pastos.

DATO CURIOSO

Se dice que las praderas son los "graneros del mundo". En la mayoría de las praderas ahora hay granjas donde se cultiva trigo, avena y cebada. Con ellos se hacen panes y cereales para el desayuno.

Animales de los pastizales: Rumiantes

Los rumiantes son animales de los pastizales que comen pasto y otras plantas. El bisonte y el alce son rumiantes de la pradera americana. La cebra, el ñú y la gacela son rumiantes de la sabana africana. La mayoría de los rumiantes comen en grandes manadas. Mientras la manada come, unos vigilan. Si se acerca un animal peligroso, avisan a los demás para que huyan.

DATO CURIOSO

En una época, vivían millones de bisontes en las praderas de los Estados Unidos. Eran tantos que las praderas se veían de color café, que es el color del bisonte. Pero los colonos cazaron muchísimos bisontes. Hoy quedan unos 350,000 bisontes en los Estados Unidos.

15

Animales de los pastizales: Depredadores

Los animales que se comen a los rumiantes se llaman depredadores. El coyote y el lobo son depredadores comunes de las praderas americanas. El guepardo, el león y la hiena son depredadores comunes de las sabanas africanas. Los depredadores tienen dientes y garras afiladas y corren muy rápido. Unos cazan en grupo. La mayoría duermen de día y cazan de noche.

Los depredadores casi siempre atrapan a los rumiantes viejos y débiles. Los rumiantes fuertes sobreviven más tiempo y tienen más crías. Este ciclo ayuda a que la población de rumiantes sea más sana en general.

DATO CURIOSO

En los pastizales hay gran cantidad de aves e insectos. También hay muchos
animales de madriguera como perros de la pradera, conejos y ratones.
Algunos duermen en su madriguera durante todo el invierno.

15

Pastos

¿Sabes cuáles son las plantas más comunes de los pastizales? Los pastos, ¡por supuesto! Los pastos tienen forma de aguja. Esta forma los protege cuando el viento sopla por entre los pastizales.

Casi todas las plantas crecen en la punta. Pero los pastos crecen desde la base. Los rumiantes se comen la parte más vieja de la planta. Por eso los pastos viven más tiempo.

DATO CURIOSO

Casi todas las plantas de los pastizales tienen raíces profundas. Así pueden tomar agua de lugares profundos durante la estación seca. Las raíces también permiten a las plantas sobrevivir cuando hay heladas o cuando los incendios dañan los tallos y las hojas.

¿Dónde están los árboles?

Como en los pastizales llueve poco, casi no hay árboles. Los incendios o los rumiantes destruyen los pocos árboles que nacen. Se los comen o los pisan con sus cascos.

En las sabanas africanas hay más árboles que en las praderas americanas. La acacia es un árbol común de la sabana. Tiene forma de sombrilla y raíces profundas que llegan hasta el agua subterránea. Otro árbol de la sabana africana es el baobab. Almacena agua entre la corteza y la madera de su tronco grueso.

DATO CURIOSO

Algunos árboles de baobab viven miles de años. Tienen troncos muy gruesos y ramas muy delgadas. Pueden llegar a medir 75 pies (23 metros) de altura.

Amenazas a los pastizales

Antes había más pastizales en el mundo, con más animales. ¿Qué pasó?

Llegaron muchas personas y quemaron grandes extensiones para sembrar trigo y maíz. No usaron buenos métodos de cultivo y se produjo erosión. Las lluvias fuertes arrastraron el suelo y los pastos desaparecieron. Al no tener qué comer, muchos animales también desaparecieron.

Los ecosistemas de pastizales son el hogar de millones de animales y plantas. Es importante proteger éste y todos los demás ecosistemas de la Tierra. Cada uno nos brinda regalos especiales. Juntos, los ecosistemas de la Tierra hacen que nuestro planeta sea un lugar maravilloso para vivir.

DATO CURIOSO

Muchos grupos luchan por salvar las praderas de los Estados Unidos. Compran tierras, siembran pastos y evitan que se construya cerca. Algunos pastizales hoy son parques nacionales para protegerlos.

Haz un diorama de un pastizal

QUÉ NECESITAS:

- caja de zapatos
- pincel
- tijeras
- paja

- pintura negra o azul
- papel de colores
- pegamento
- ilustraciones de rumiantes, como cebras, bisontes y leones

CÓMO SE HACE:

1. Primero, pon la caja de lado.

2. ¿Quieres que sea de día? Si es así, pinta los lados y la parte de arriba con pintura azul o fórralos con papel azul claro. ¿Quieres que sea de noche? Si es así, usa pintura negra (o papel). Pon un Sol o una Luna de papel en el cielo.

3. Pon una capa delgada de pegamento en la parte de abajo de la caja. Coloca paja sobre el pegamento para que parezca pasto.

4. ¿Quieres que tu pastizal tenga un par de árboles? ¡Tú decides! Dibuja o pega ilustraciones de animales en tu pastizal. ¿Qué rumiantes pusiste? ¿Qué depredadores?

Datos sobre los pastizales

- En los pastizales de Australia es común ver torres de termitas. Las termitas, parecidas a hormigas, construyen torres de barro que miden cerca de 5 pies (1.5 metros) de alto. Hay torres que miden hasta 18 pies (5.5 metros) de alto.

- Los depredadores de los pastizales y sus presas son muy rápidos. La liebre de América del Norte puede saltar a 45 millas (72 kilómetros) por hora. Le gana al coyote, que corre a 40 millas (64 kilómetros) por hora. Pero ningún animal le gana al guepardo, el animal más rápido de la Tierra. Puede correr distancias cortas a 70 millas (113 kilómetros) por hora.

- El 70 por ciento de todo el material vegetal de un pastizal está debajo del suelo, en forma de raíces. En un bosque, sólo el 10 por ciento del material vegetal está debajo del suelo.

- En las praderas pueden vivir cantidades inmensas de animales. En una colonia de perros de la pradera que se encontró a comienzos del siglo 20, ¡vivían casi 400 millones!

Glosario

depredadores (los)—animales que cazan a otros animales para comérselos

ecosistema (el)—lugar con ciertos animales, plantas, tiempo, terreno y agua

ecuador (el)—línea imaginaria que rodea el centro de la Tierra; la divide en la parte norte y la parte sur

erosión (la)—desgaste del suelo por el agua o el viento

migrar—viajar en busca de comida, agua, temperaturas más cálidas o un lugar para tener las crías

presas (las)—animales que son cazados como alimento

rumiantes (los)—animales que comen pastos y otras plantas

Aprende más

PARA LEER

Equipo editorial Larousse. *Los animales de la sabana.* México: Larousse, 2006.

Mattern, Joanne. *¿Qué comen los animales de las praderas?* Milwaukee, WI: Weekly Reader, 2006.

Meyer, Cassie. *¿Qué vive en una pradera?* Chicago: Heinemann Library, 2007.

EN LA RED

FactHound ofrece un medio divertido y confiable de buscar portales de la red relacionados con este libro. Nuestros expertos investigan todos los portales que listamos en FactHound.

1. Visite www.facthound.com
2. Escriba código: 1404830960
3. Oprima el botón FETCH IT.

¡FactHound, su buscador de confianza, le dará una lista de los mejores portales!

Índice

BUSCA MÁS LIBROS DE LA SERIE CIENCIA ASOMBROSA–ECOSISTEMAS:

Bosques templados: Tapetes de hojas

Desiertos: Tierras secas

Humedales: Hábitats húmedos

Océanos: Mundos submarinos

Pastizales: Campos verdes y dorados

Selvas tropicales: Mundos verdes